차례

⭐ **1** 우주 로켓과 인공위성 • 6

⭐ **2** 재활용 우주선에서 나노 우주선까지 • 17

⭐ **3** 우주 정거장과 우주복 • 31

⭐ **4** 우주 엘리베이터 • 44

⭐ **5** 태양에 얼마나 가까이 갈 수 있을까? • 54

⭐ **6** 달 기지 • 65

⭐ **7** 화성에서 생명의 흔적 찾기 • 74

⭐ **8** 목성의 얼음 위성을 탐사하는 이유 • 88

⭐ **9** 골디락스 행성을 찾아서 • 98

⭐ **10** 소행성에서 캐 온 우주 자원 • 109

⭐ **11** 테라포밍, 제2의 지구를 만들기 위해 • 120

작가의 말 • 129

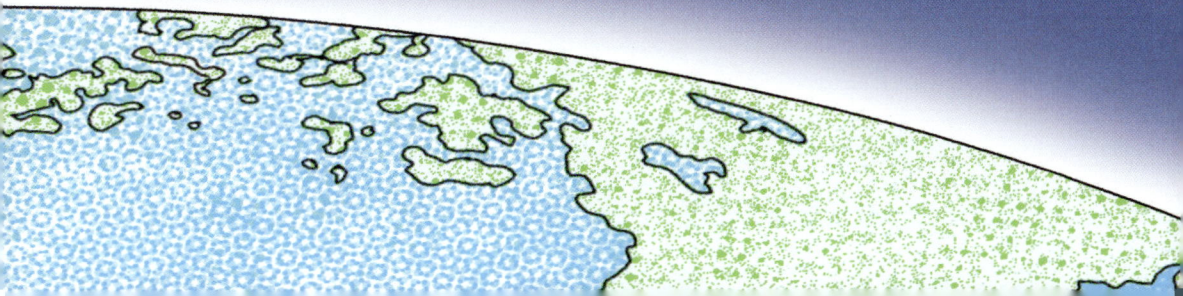

1
우주 로켓과 인공위성

5, 4, 3, 2, 1, 발사!

"우아, 흰 연기 사이로 비행체가 하늘로 날아올라!"

높이, 높이, 더 높이 날아오르면…….

"지구를 둘러싼 대기를 벗어나!"

위로 올라갈수록 점점 어두워져. 그리고 100킬로미터쯤 올라가면 캄캄하지만 넓고 신비로운 **우주**가 나타나!

"너는 우주에 나가 봤어?"

그럼, 여기는 미래잖아.

"나도 언젠가는 우주에 가 볼 수 있을까?"

머지않아 가 볼 수 있을 거야. 다양한 우주 탐사선이 우주로 나가고 있으니까.

"우아, 우주에 나가면 반짝반짝 빛나는 별을 많이 볼 수 있겠다."

맞아, 우주에는 셀 수 없을 만큼 많은 천체가 있어. 그런데 모두 별은 아니야.

"모두 별이 아니면 뭔데?"

별은 반짝반짝 스스로 빛나는 **항성**을 말해.

우주에는 별 말고도 항성 주변을 도는 **행성**, 행성 주변을 도는 **위성**, 행성보다는 작고 운석보다는 큰 **소행성**, 얼음 먼지로 이루어진 **혜성**, 별들이 모인 **성단**, 가스와 먼지로 이루어진 **성운** 등이 있어.

이렇게 우주에 있는 모든 것을 **천체**라고 해.

"그러면 저기 반짝이는 별 옆으로 빠르게 지나가는 것은 무슨 천체야? 여기저기 아주 많이 보여!"

반짝이면서 빠르게 지나가는 것은 보통 **인공위성**이야.

"인공위성?"

사람이 우주에 띄워 행성 주변을 뱅글뱅글 돌게 만든 비행체야. 마치 지구 주변을 도는 위성, 달처럼 말이지.

"인공위성이라면 나도 알아. 내가 살던 때도 있었어."

맞아, 그때는 만 개쯤 되었을걸? 1957년 첫 인공위성인 스푸트니크호를 시작으로 많은 위성이 우주로 나가 지구 주변을 촘촘히 돌고 있어.

"인공위성은 지구 주변에서 뭘 하는 거야?"

인공위성은 다양한 일을 해. 각 나라의 시간을 정확히 맞추고 GPS(지피에스)로 달리는 자율 주행차의 위치를 알려 줘.

지구 사진을 찍기도 하는데, 하늘을 향해 손을 흔들면 우주에서 네가 찍힐지도 몰라!

인공위성은 지구 날씨를 더 자세히 관측해. 지구가 점점 더워지거나 추워지는지 확인하는 거야.

그리고 우주에서 지구로 날아오는 것들의 정보를 모으기

도 해. 지구로 떨어지는 작은 천체는 대부분 지구 대기를 지나면서 타 버려. 하지만 다 타지 못하고 지구로 떨어지는 천체인 운석은 우주의 비밀을 밝히려는 연구에 쓰여. 지구와 비슷한 물질로 이루어졌는지 알아볼 수 있거든.

그리고 인공위성은 지구 곳곳을 연결해 줘, 통신과 우주 인터넷으로 말이야. 지구에서 데이터를 인공위성으로 쏘아 보내면 인공위성이 다시 데이터를 필요한 곳으로 보내. 덕분에 산골처럼 통신 케이블이 연결되지 않은 곳에서도 인터넷을 사용할 수 있지. 지구뿐 아니라 먼 우주까지 통신할 수 있게 해 줘.

> 인공위성이 지구를 촘촘히 둘러싼 데는 다 이유가 있구나.

"궁금한 게 있어. 인공위성은 어떻게 지구 주변을 계속 돌아?"

어떤 물체든 물체를 위로 던지면 아래로 떨어져. 나무에 매달려 있던 사과도, 맛있게 먹던 아이스크림도 놓치면 바닥에 떨어져. 바로 지구가 물체를 잡아당기는 힘, **중력** 때문이지. 중력은 지구뿐 아니라 우주에 있는 모든 것에 작용해.

"중력이라면 알고 있지. 뉴턴이 떨어지는 사과를 보고 알아냈다면서. 그런데 중력이 인공위성이랑 무슨 상관이 있지?"

높은 산에 올라가 볼까.

"지금?"

아니, 진짜로 말고. 상상해 봐. 머릿속으로 사고 실험을 해 보는 거야.

물체를 세게 앞으로 던지면?

"앞으로 날아가다 둥글게 곡선을 그리며 떨어져."

그러면 물체를 더 세게 앞으로 던지면?

"더 멀리 날아가다 둥글게 곡선을 그리며 떨어져."

그러면 물체를 더, 더 세게 앞으로 던지면?

"더 더 멀리 날아가다 둥글게 곡선을 그리며 떨어지겠지."

물체를 정말, 정말, 정말 더 세게 앞으로 던지면?
"아주, 아주, 아주 세게 던지면 떨어지지 않을 수도 있나?"

지구에서 아주 세게 던져진 인공위성이 빠른 속도로 날아가면 바닥으로 떨어지지 않고 지구 주변을 계속 뱅글뱅글 돌 수 있어.

"얼마나 빨리 돌면 돼?"

인공위성마다 지구 주변을 도는 높이와 속도는 달라. 하지만 같은 자리에서 항상 볼 수 있는 인공위성은 1초에 약 3킬로미터를 가는 빠르기로 지구 주변을 돌아.

"세상에, 너무 빠른 거 아니야?"

다시 지구로 떨어지지 않으려면 어쩔 수 없어. 지구 중력은 아주 크거든. 뱅글뱅글 도는 물체에 지구와 반대쪽으로 작용하는 힘이 중력만큼 되어야 떨어지지 않아. 그래서 충분히 세게 던져야 해.

"그런데 누가 인공위성을 그렇게 세게 던질 수 있어?"
지구에는 그렇게 힘센 거인이 없지. 그래서 인공위성을

싣고 갈 **발사체**가 필요해. 스스로 날아오르는 **우주 로켓** 말이야.

"우주 로켓!"

우주 로켓은 로켓 엔진을 단 발사체야. 인공위성을 싣고 빠르게 날아올라. 올라가면서 단계별로 다 쓴 연료 탱크를 버리며 하나씩 분리되지. 우주 로켓은 지구를 벗어나 우주로 나가서 알맞은 곳에 도착했을 때 인공위성을 놓아줘.

"얼마나 빨리 날아오르면 지구를 벗어날 수 있어?"

1초에 약 8킬로미터 빠르기면 지구 주위를 돌 수 있고, 약 11킬로미터 빠르기로 날아오르면 지구를 벗어나 우주로 날아갈 수 있어!

"우아, 거대한 로켓이 어떻게 그렇게 빨리 날아오를 수 있지?"

바로 **로켓 엔진**을 갖고 있기 때문이지. 로켓 엔진은 연료를 태우면서 배기가스를 배출해.

그 힘 덕분에 반대 방향으로
로켓이 떠오르게 돼.

 풍선에서 바람이 빠지면 바람과 반대 방향으로 풍선이 날아가고. 내가 마주 보고 서 있는 친구와 서로 손바닥을 밀면 둘 다 뒤로 밀려나는 것처럼 말이야.
 "아하, 알겠다! 그런데 걱정이 있어. 인공위성은 모두 똑같은 길을 돌아?"
 그렇지 않아. 인공위성이 지구 주변을 돌 때는 적도를 따라 돌기도 하고, 극지방을 통과하며 돌기도 하고, 비스듬히 돌기도 해. 인공위성이나 우주선이 지나는 길을 **궤도**라고 해. 보통 지구로부터 3만 6천 킬로미터 떨어진 궤도를 돌고 항상 같은 자리에 있는 것처럼 보이는 인공위성을 볼 수 있어. 하지만 더 높게 있기도 하고 더 낮게 있기도 해.
 "인공위성이 너무 많아서 서로 부딪치지 않을까?"
 인공위성을 발사할 때는 모두 UN(United Nations) 우주국에 인공위성 발사 계획을 신고하고, 각자 정해진 궤도만 지나가기 때문에 미리 어떤 궤도를 지날 것인지 약속하면 돼.

"그런데 인공위성이 갑자기 멈추거나 고장 나면 어떻게 하지?"

인공위성이 오래되면 대개 지구로 떨어뜨려. 떨어지면서 대기를 지나는 동안 대부분 타 버려. 하지만 요즘은 지구를 계속 뱅글뱅글 돌며 우주 쓰레기가 되어 버린 인공위성이 많아져서 걱정이야.

우주선이 우주 쓰레기에 부딪히면 안 되니까 이제 우주 쓰레기를 피해 조심조심 우주로 날아가 보자!

2
재활용 우주선에서 나노 우주선까지

"미래에 왔으니까, 우주여행을 해 볼 거야. 그런데 우주가 너무 넓어서 어디로 가면 좋을지 모르겠어. 도와줘!"

달에 가서 **크레이터**를 보는 건 어때? 커다란 **운석 구덩이** 말이야. 아니면 화성에서 도시 세우는 것을 보거나 목성의 위성에 가 보는 것도 좋을 것 같아. 태양계 끝 해왕성은 정말 추운지도 알아볼 수 있지. 아예 태양계를 벗어나 외계 행성으로 나가는 건 어때?

"그러다 외계인을 만날 수 있을까?"

언젠가는 만날 수도 있을 거야. 그런데 그보다 먼저 생각할 것이 있어.

"뭔데?"

> 우주로 나갈 때 무엇을 타야 할지 말이야.

"맞다, **우주선**! 어떤 우주선이 좋을까? 제일 빠른 우주선?"

빠른 것도 중요하고, 튼튼한 것도 중요해. 추위나 열을 견뎌야 하고 가볍기도 해야 해. 무엇보다 사람이 타는 우주선은 지구로 돌아와야 하는 것이 중요해.

> 집으로 안전하게 돌아오는 방법도 생각해야 하는구나.

사람이 타는 우주선을 처음 만들 때는 로켓 엔진과 커다란 연료 탱크를 달았어. 비행기처럼 착륙할 수 있도록 날개도 있었지.

"우주 왕복선이지? 나도 본 적 있어."

맞아. 몇 번이나 우주에 다녀왔지만, 너무 크고 무거운 것이 문제였어. 나중에는 연료 탱크에 페인트칠하는 것도 생략해야 할 정도였거든. 그래서 더 가벼운 우주선을 만들게 되었어.

"어떤 모양인지 궁금해!"

아이스크림콘 끝을 자른 뾰족한 캡슐 모양! 캡슐 우주선에는 로켓 엔진도 없고 날개도 없어.

"그럼 어떻게 우주로 나가?"

우주로 나갈 때는 로켓 발사체가 우주선을 실어서 궤도에 올려 주고, 지구로 돌아올 때는 우주선에 실린 낙하산으로 착륙하지.

"인공위성을 궤도에 올릴 때처럼? 그러면 로켓 발사체는 한 번만 쓰고 버려야겠다. 아까워!"

아니, 로켓 발사체도 재활용해. 우주선을 지구 궤도에 올

려 준 다음, 다시 지구에 착륙하거든. 스페이스X에서 만든 팰컨 9이나 팰컨 헤비처럼.

"뉴스에서 본 적 있어!"

팰컨 헤비는 보잉 747 항공기 18대에 맞먹는 힘으로 날아올라 거의 64톤이나 되는 우주선을 궤도에 올려. 그런 다음 2단으로 된 발사체 중 1단은 다시 지구로 돌아와 사뿐히 내려앉아.

"발사체가 다시 지구에 사뿐히 착륙하는 장면은 볼수록 정말 신기해."

지구로 다시 돌아와 재활용이 가능한 발사체는 하나의 로켓 발사체를 여러 번 쓸 수 있어서 비용도 절약되고 환경 오염도 줄여 줘.

"그런데 발사체가 지구로 돌아오면서 대기권에서 다 타 버리지는 않을까? 빠른 속도로 대기권에 들어오면 공기와 부딪치면서 뜨거워지잖아."

> 발사체에는 열을 막아 주는 방열 장치가 있어서 괜찮아.

"캡슐형 우주선을 타면 한눈에 우주가 다 보일 것 같아. 그런데 너무 좁은 것 아니야?"

우주선이 가벼워야 연료도 적게 쓰잖아. 꼭 필요한 기계 장치, 우주 비행사가 탈 공간, 화물 실을 공간만 있으면 돼.

"화장실에 가고 싶으면 어떻게 해?"

화장실은 준비되어 있지만, 식당이나 침실은 없어.

"그러면 밥은 앉아서 먹어야겠다."

식사는 휴식 시간에 간단히 우주식을 먹고, 잠도 자기 자리에서 자면 돼. 가까운 곳을 가는 우주선이니까.

"얼마나 멀리 갈 수 있어?"

먼저 지구를 벗어나 우주 정거장까지. 우주에서 지구를 내려다보는 목적으로 짧게 여행하는 사람도 있어. 그리고 조금 더 멀리라면 달까지 갈 수도 있어. 달은 일주일 이내로 갈 수 있거든.

하지만 화성에 가려면 6개월 정도 걸리고, 목성까지 가려면 방법에 따라 다르지만 그보다 훨씬 오래 걸리지. 사람이 멀리 여행하려면 더 먼 우주로 갈 수 있는 우주선이 필요해.

이제 더 미래의 우주선을 보여 줄게. 더 먼 우주, 태양계 밖 외계 행성으로 나가는 우주선 말이야. 이런 우주선을 만드는 데 가장 큰 문제는 바로 우주선을 추진하는 **에너지**야! 자동차나 비행기도 화석 에너지나 전기 에너지가 필요한 것처럼 말이야.

우주선을 지구 밖 궤도에 내보내는 데만 액체 수소 수백만 리터가 필요해. 우주를 가로질러 멀리 가려면 더 빠른 속도를 내야 하니까 더 많은 연료가 필요하지.

"도대체 얼마나 멀리 가?"

태양계 밖에서 가장 가까운 별은 켄타우루스자리에 있는

프록시마 켄타우리야. 지구에서 그곳까지의 거리는 자그마치 4.2광년이나 돼. 빛의 속도로 가도 4년 넘게 가야 하지!

태양계를 벗어나 새로운 우주를 보는 게 이렇게 오래 걸릴 줄이야.

"빛은 세상에서 가장 빠르잖아."

맞아. 하지만 아직 어떤 우주선도 빛의 속도로 갈 수 없어. 그래서 1초에 약 17킬로미터를 가는 너희 시대 우주 탐사선이라면 대략 7만 년도 넘게 걸려.

"으악, 할머니가 되어도 도착하지 못할 것 같아!"

손주의 손주가 태어나도 도착하지 못할 시간이지. 빛의 속도의 반 정도 되는 빠르기라면 10년 안에 갈 수 있지만, 고체 연료나 액체 연료로는 어림도 없어. 핵융합 에너지로 가는 우주선이라면 좀 더 빨리 갈 수 있어.

"핵융합 에너지는 핵에너지와 비슷한 거야?"

핵융합은 태양이 이글이글 타오를 정도의 에너지를 만드는 방법이야. 작은 수소 원자들이 합쳐지면서 큰 에너지를 만드는 거지.

태양계를 벗어나는 우주선을
핵융합 에너지로 움직이게 하면
빛의 속도의 7~12퍼센트까지
속도를 낼 수 있어.

우주에서는 한번 추진력을 얻으면 멈추지 않고 계속 갈 수 있기 때문에 지금보다 시간은 훨씬 줄어들 거야. 하지만 너희 시대에는 핵융합 에너지 기술이 완성되려면 더 기다려야 해.

"저기 돛단배처럼 보이는 커다란 우주선이 있어!"

바로 **솔라 세일**(Solar sail) 방식의 우주선이야. 커다랗고 얇은 알루미늄으로 된 돛을 달고 태양 빛을 받아 나아가는 우주선이지.

"태양 빛?"

응, 돛단배는 바람이 돛을 밀어 움직이잖아.

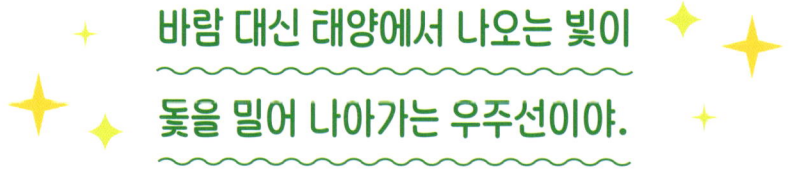

바람 대신 태양에서 나오는 빛이 돛을 밀어 나아가는 우주선이야.

"우아, 태양 빛이 돛을 밀어 준다니 신기해!"

태양 빛이 미는 힘은 바람이 미는 힘에 비해 작지만 우주

에는 공기가 없어서 아주 커다랗고 가벼운 돛을 달면 태양 빛이 미는 힘으로 충분히 우주선을 움직일 수 있어.

하지만 태양에서 멀어질수록 태양 빛이 닿기 어려워져. 그럴 때는 태양계 안에 강력한 레이저 기지를 세워 레이저를 쏘아 돛을 움직이게 하면 돼.

"저기 작은 우주선은 뭐야?"

나노 우주선이야.

"나노는 아주 작은 것을 말하는 거지?"

맞아, 나노는 머리카락 굵기의 10만 분의 1쯤 되는 아주아주 작은 크기를 말해. 이렇게 아주 작고 가벼운 나노 우주선이 우주에 많이 있는 거야.

"왜?"

아주 작고 가벼우면 작은 힘으로도 멀리 갈 수 있으니까. 나노 우주선에도 솔라 세일 우주선처럼 얇은 막으로 된 돛이 달려 있어. 여기에 레이저를 쏘아서 빛의 속도의 20퍼센트까지 낼 수 있도록 하는 거야.

"엄청 빠르잖아!"

맞아, 아주 작아서 적은 에너지로도 빠른 속도를 낼 수 있어. 유명한 물리학자인 스티븐 호킹 박사는 수많은 나노 우주선을 알파 켄타우리까지 보내는 계획을 세우기도 했지.

"알파 켄타우리가 뭔데?"

태양계에서 가장 가까운 항성계 중 하나야. 빠른 속도를 내는 나노 우주선이라면 약 20년이면 알파 켄타우리에 갈 수 있거든.

"20년이나 걸려? 너무 오래 걸리잖아."

다른 별들은 더 멀리 있으니까 그렇게 긴 시간은 아니야.

"또 신기한 우주선이 있으면 알려 줘! 우주에서 이동할 수 있는 다른 방법도!"

우주에서 이동할 때 물리학자 아인슈타인의 이론을 이용하기도 해. 영화에서 자주 볼 수 있는 방법으로 시공간을 일그러뜨려 거리를 단축시키는 **워프 항법**이 있어.

반물질을 이용하는 방법도 있지. 우리 주변의 모든 것을 이루는 기본 입자와 반대로 생긴 입자를 반물질이라고 해. 이 반물질이 물질과 만나면 엄청나게 큰 에너지를 내면서 사라져 버리거든. 이 에너지를 이용하는 반물질 로켓을 만드는 거야.

그리고 시공간을 관통하는 지름길인 **웜홀**을 찾아 이동하는 방법도 있지.

"모두 다 신기해! 그중에서 웜홀은 들어 봤어."

웜홀은 모든 걸 빨아들이는 블랙홀과 모든 걸 내뱉는 화이트홀로 연결되는 통로야. 우주 공간을 접은 듯 통과할 수 있는 지름길이라고 생각하면 돼.

사실 이 방법이 모두 가능한지는 아직 밝혀내지 못했어.

"에이, 그러면 아무 소용 없는 거 아냐?"

하지만 상상의 힘은 대단하잖아. 새처럼 하늘을 나는 것도 상상에서 시작했다는 걸 잊지 마! 상상하다 보면 언젠가는 방법을 찾을 수 있을 거야.

3
우주 정거장과 우주복

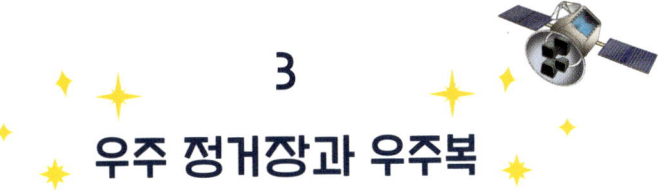

"우아, 우주선이 쉴 새 없이 드나들어."

우주 정거장이니까. 달과 화성에 가려는 사람들이야. 언젠가 머나먼 외계 행성까지 나가는 날이 오면 우주선이 더 많아질 거야.

"왜 우주선이 지구가 아닌 우주 정거장에서 출발해?"

지구에서 우주선이 출발하려면 에너지가 많이 필요해. 생각해 봐. 지구 중력을 이겨 내며 우주로 나오려면, 매번 연료를 많이 사용해야 하잖아.

"아하! 그런데 우주 정거장은 우리 시대에도 있었어."

맞아, 1998년에 국제 우주 정거장이 처음 건설되기 시작했어. 하지만 우주 정거장을 상상한 건 인류가 우주에 나가기도 전이었던 1903년이야. 과학자 치올콥스키가 우주선과 우주 비행사가 머물 수 있는 장소가 필요할 거라고 했어.

"상상한 대로 되었네!"

맞아, 상상하고 꿈꾸는 대로 미래가 열리거든. 이제 다양한 높이의 우주 정거장을 만들기도 하고, 여러 나라에서 각자 우주 정거장을 만들기도 해. 또 달에도 만들 수 있지.

"달에 우주 정거장이 만들어지면 좋겠다. 어떤 모양으로 만들까? 영화에서 도넛 모양 우주 정거장을 본 것 같아."

뱅글뱅글 돌아가는 우주 정거장을 보았구나.

"왜 우주 정거장을 뱅글뱅글 돌리는 거야?"

중력을 만들려고!
지구에서 서 있을 수 있는 것은
지구가 잡아당기는 중력이 있기 때문이잖아.
우주에는 중력이 거의 없어서
둥둥 떠다녀야 하지.

"둥둥 떠다니면 불편하겠구나."

맞아. 그 대신 우주 정거장을 도넛 모양으로 만들고 뱅글뱅글 돌리면 돌아가는 바깥쪽으로 향하는 힘, **원심력**으로 가짜 중력을 만들 수 있어. 그러면 사람이 지구에서처럼 걸어 다닐 수도 있어.

"그런데 이상해. 실제 우주 정거장은 긴 모양인걸."

인공 중력을 만들려면 아주 빠르게 돌아야 하는데 그러면 우주선이 **도킹**하기 쉽지 않거든. 도킹은 인공위성이 우주 정거장에 연결되는 것을 말해. 마치 자동차를 주차장에 주차하듯이 말이야.

"가짜 중력도 없다니 좀 시시하다!"

시시하다니! 우주 정거장이 얼마나 큰지 알면 그런 생각은 들지 않을 거야.

국제 우주 정거장은 6대 이상의 우주선이 동시에 방문할 수 있어. 그리고 한쪽 끝에서 다른 쪽 끝까지는 무려 109미터나 돼. 세로 길이는 51미터나 되고 말이야. 운동장에서 100미터 달리기할 때를 떠올려 봐. 100미터가 얼마나 긴지 말이야.

"도대체 그렇게 큰 우주 정거장을 어떻게 지구 밖까지 올려 보낸 거야? 커다란 로켓에 통째로 실어 날랐어?"

아니야, 그렇게 커다란 로켓은 없잖아. 어렵지 않아. 블록으로 커다란 우주 정거장을 만든다고 생각해 봐.

"블록? 한 부분씩 만든 다음 연결해 조립하는 거야?"

> 맞아, 한 부분씩 만든 다음 우주로 쏘아 올려 우주에서 조립하면 돼. 각 나라에서 필요한 만큼 만들어서 말이야.

"여러 나라의 협력이 필요하겠다!"

그래서 **국제 우주 정거장**(ISS, International Space Station)인 거야.

"우주 정거장에는 어떤 시설이 있는데?"

우주선을 주차할 곳이 필요해. 바로 우주선이 도킹할 수 있는 공간이야.

생명 유지 장치와 적절한 압력과 온도를 유지하는 환경 제어 시스템을 설치하고, 비행사 공간도 있어야 해. 쉴 곳과 화장실은 필수야.

"우주에서는 화장실을 어떻게 이용해? 중력이 없어서 오줌이 둥둥 떠다니는 거 아니야?"

너무 걱정하지 않아도 돼. 진공청소기처럼 배설물을 한 번에 흡입할 수 있고, 오줌은 모아서 물로 정화해서 사용해. 우주에서는 물을 쉽게 구할 수 없으니까. 하지만 화장실이 고장 날 때를 대비해 기저귀도 준비해 놨어.

"기저귀까지?"

그럼, 화장실이 고장 났다고 오줌이 마렵지 않은 것은 아니잖아.

"그건 그래."

우주 정거장에는 음식을 먹을 곳도 있어. 특수하게 조리된 우주식을 먹지. 오래 보관할 수 있도록 냉동 건조 하거나 진공 포장 했어. 물론 잠잘 공간과 샤워 시설이 있어. 침낭같이 몸이 빠지지 않도록 고정해야 하고 근육이 줄어들지 않도록 운동할 수 있는 기구도 있어.

"우주 정거장이 정말 우주에 떠 있는 집 같아. 그런데 전기는 들어와?"

응, 언제나 이글이글 타오르는 태양이 있잖아. 우주에서 태양 빛을 받는 것은 어렵지 않아. 태양 전지판을 날개처럼 펼치면 돼. 태양 빛을 전기로 만드는 거야.

"저기, 우주 정거장에 실험 도구가 있어!"

맞아, 실험실이야.

"우주까지 가서 실험을 한다고?"

우주 정거장의 중요한 임무야.

우주는 지구와 달리

중력이 거의 작용하지 않는 환경이야.

"중력과 실험이 무슨 상관이 있는데?"

지구에서는 실험을 할 때 중력 때문에 아래쪽으로 잡아당기는 힘이 계속 작용해. 우리 몸의 세포도, 화학 물질도 모두 아래로 잡아당겨진 상태란 뜻이야.

중력이 거의 없는 우주 정거장에서 3D 프린터로 물체를 만들면 아래로 잡아당겨지는 힘의 영향을 받지 않아서 설계대로 정확히 만들어져. 질병을 치료할 새로운 약물이나 생체 조직을 만들거나 나노 입자로 반도체 관련 실험을 할 때도 좋아. 생물도 마찬가지야. 식물이 싹을 틔울 때, 혈관에서 혈액이 아래로 잡아 당겨지지 않고 어떻게 흐르는지 알아보기 좋지.

"생각도 못 했어. 우주 정거장 실험실에서는 미래를 만들어 가는 것 같아."

맞아. 우주 공학이 우주로 나아가고, 우주의 비밀을 밝혀 내는 일만 하는 것은 아니야. 과학과 기술을 발전시켜 사람들의 미래를 더 밝게 해 줘.

"그럼 지구가 점점 더워지는 문제를 해결하는 데도 도움이 될까?"

　물론이지. 우주에서는 지구 대기를 온종일 관찰할 수 있잖아. 햇빛 반사가 이산화탄소 변화에 어떻게 영향을 주는

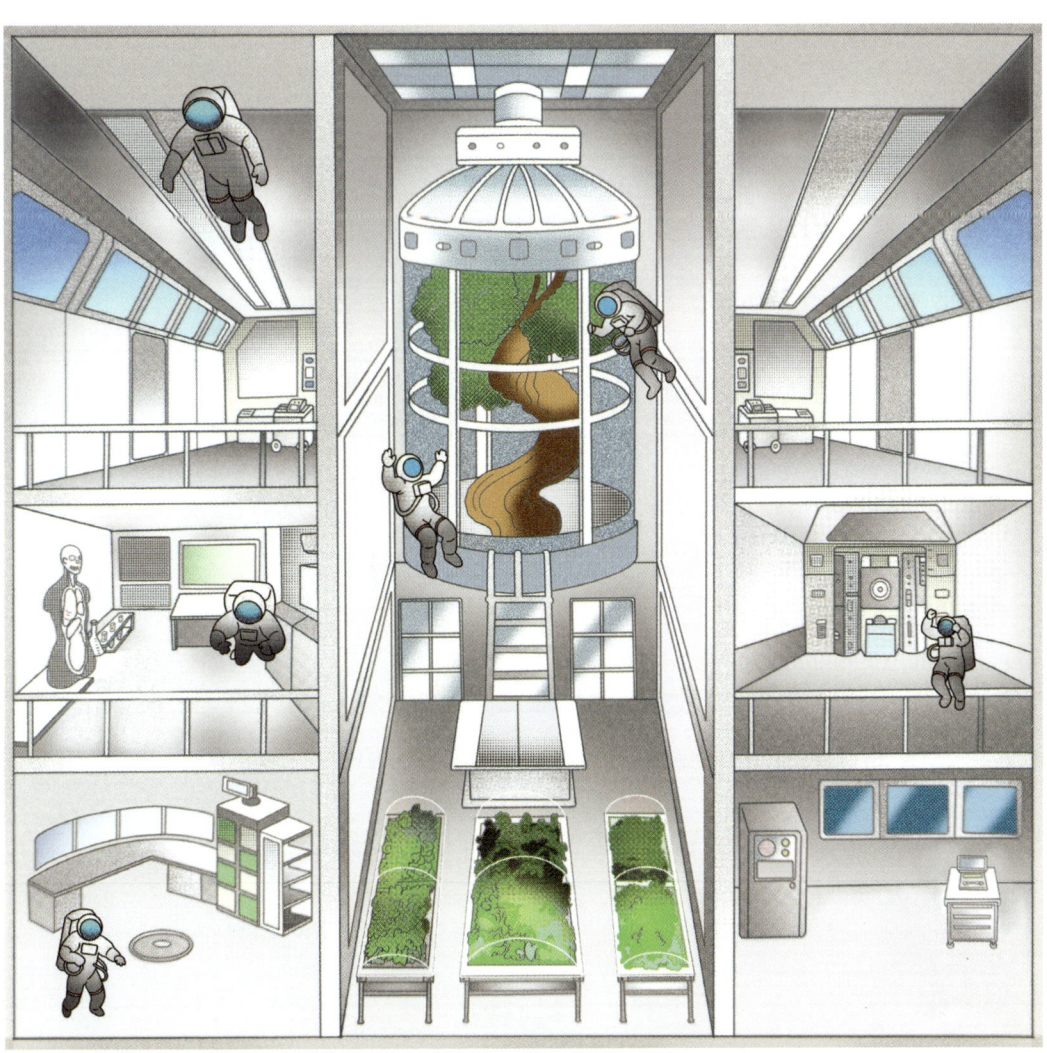

지, 기후가 어떻게 변화하는지 매일매일 볼 수 있거든. 이렇게 수집한 정보는 지구가 더워지는 문제를 해결하는 데 도움이 돼.

"나도 우주 정거장에서 온종일 지구 보고 싶다."

조금만 기다리면 그런 날이 올 거야.

"걱정되는 일이 있기도 해. 우주 정거장이 고장 나면 어떻게 해? 갑자기 부서져서 지구로 떨어져 버리거나 하지는 않겠지?"

물론 우주 정거장에도 지구 중력이 약하게 작용하기는 해. 그래서 조금씩 가라앉을 수 있지. 하지만 고장 날 때마다 그때그때 고치면 되니까 너무 걱정하지 않아도 돼.

"정말? 우주 정거장을 고치는 사람이 있어?"

그럼, 먼저 우주 정거장은 외부에 커다란 로봇 팔을 장착하고 있어서 큰 문제는 자체적으로 해결할 수 있어. 그리고 우주 정거장에 머무는 사람들은 지구에서 충분히 훈련받아서 고장 난 부분을 고칠 수 있어.

"우주 정거장 밖으로 나가도 돼?"

당연히 되지. 승무원들은 특별한 **우주복**을 입고 밖으로 나가. 우주는 아주 극한 환경이어서 몸을 잘 보호할 수 있는 우주복을 입어.

"우주가 어떻길래 그래?"

우주는 온도가 낮아질 때는 영하 167도까지 내려가고 태양 빛을 직접 받으면 매우 높아져. 또 몸에 해로운 방사선도 있어. 커다란 자석인 지구는 주변에 생기는 자기장이 우주 방사선을 막아 주지만, 우주에 나가면 우주 방사선에 그대로 노출돼. 게다가 우주 공간에는 공기가 거의 없어. 숨 쉴 수 있는 산소까지 말이야!

우주복은 하나의 작은 우주선이야.
우주인을 잘 보호해야 해.

"그러면 우주복이 아주 특별해야겠다!"

우주복 전체는 한 번에 찢어지지 않도록 여러 겹으로 만드는데 그중 몇 겹은 방사선을 막는 재질로 만들어. 또 헬멧부터 장갑과 부츠까지 공기가 조금도 새어 나가지 않도록 만들지.

"다행이야. 그런데 등에 멘 가방은 뭐야?"

산소와 물 그리고 이산화탄소 제거기 등 생존에 필요한 것을 공급할 수 있는 가방이야.

손가락 끝까지 꽁꽁 얼지 않도록 히터를 넣어 제작한 장갑과 체온이 계속 올라가지 않도록 하는 냉각 장치도 있어. 우주복에 필요한 전기를 제공하는 장치와 통신 기기도 있지. 헬멧 안에는 오디오 시스템과 마이크가 있고 말이야.

"우아, 장갑 하나에도 정말 여러 기술이 필요하구나. 만약 코가 가려우면 우주 비행사는 어떻게 해? 장갑과 헬멧 때문에 코를 긁을 수 없잖아."

걱정 마, 헬멧 안에 코를 문지를 수 있는 장치도 있어.

4
우주 엘리베이터

"우주 정거장까지 가려면 매번 우주선을 타야 해?"

아니, 그렇지 않아. 다른 방법을 생각해 볼 수 있어. 높은 곳까지 우리를 데려다주는 것에는 무엇이 있을까?

"비행기, 헬리콥터, 로켓."

우리 주변에서 가장 찾기 쉽고, 타기 쉽고, 올라가기 쉬운 것을 찾아봐.

"음, 엘리베이터? 160층 빌딩에도 엘리베이터가 있어. 설마 끝이 안 보이는 저것도 엘리베이터야?"

맞아. 오르고 오르고 올라서 잠시 뒤 우주가 펼쳐지는 **우주 엘리베이터**야.

"우주 엘리베이터? 미래에는 그게 정말 가능해?"

일단 상상하면 된다고 했잖아. 우주 엘리베이터도 1895년 러시아의 과학자 치올콥스키가 에펠탑을 보고 상상했거든. 곧 소설 속에서 우주 엘리베이터를 그려 냈지. 그리고 세계 곳곳에서 우주 엘리베이터를 실현하기 위해 연구했어.

"그래서 우주 엘리베이터를 세울 수 있게 되었구나. 그런데 바닷가에 우주 엘리베이터를 만드는 거야?"

응, 지상에서 출발하는 곳은 **지구 포트**라고 해. 태풍이 없는 적도 근처 바닷가에 세우면 더 좋아. 태풍을 피할 수 있고 대기도 안정적이거든. 우주 엘리베이터를 타고 올라가는데 태풍이 오면 안 되잖아.

"아, 상상만 해도 무서워."

그리고 무엇보다 여러 나라가 이용하는 곳이니까 국제적으로 협력할 수 있고 안전한 곳이어야 해.

"우주 엘리베이터는 얼마나 높이 올라가? 그게 정말 궁금해!"

우주 엘리베이터가 멈추는 도착지를 **지오스테이션**이라고 해. 지오스테이션은 지구로 가라앉지도 우주로 멀리 나가지

도 않을 위치에 설치하는 게 좋아.

> 나도 알아. 지구가 잡아당기는 힘인 중력과 지구가 돌 때 밖을 향하여 생기는 힘의 크기가 같아지는 곳이었어!

맞아. 바로 **지구의 정지 궤도**라고 하는 곳이야. 지상에서 약 3만 6천 킬로미터 올라가면 돼.

"세상에! 지상에서 3만 6천 킬로미터 떨어진 곳까지 엘리베이터를 세운다니 믿을 수 없어!"

이제 우주 엘리베이터를 지어 보자. 건축물을 지을 때 가장 중요한 것은 무엇일까?

"건축물을 지을 때는 뼈대, 기둥이 제일 중요하지!"

그래, 우주 엘리베이터를 세울 때도 아주 높이 세울 튼튼한 기둥이 필요해.

"그렇게 높이 세운 기둥이 쓰러지면 어떻게 해?"

블록도 높이 쌓다 보면 흔들리며 위태로워져. 가장 높은 빌딩이라고 해도 고작 1천 미터 정도인데 우주 엘리베이터는 그것보다 10배 이상 높이 올라가니까 그런 걱정은 충분히 할 수 있어.

"그럼 어떻게 하면 돼?"

우주 엘리베이터를 단단하게 고정할 튼튼한 케이블을 기둥으로 이용하는 거야. 굵고 단단한 줄을 여러 개 꼬아 만든 케이블 말이야.

"케이블이 흔들리거나 넘어지지 않을까?"

우주에 단단한 케이블을 고정할 커다란 추가 있어야 해. 이 추를 앵커라고 하지. 적절한 크기와 무게의 위성을 쏘아 올려서 이 위성이 중심을 잡는 앵커 역할을 하게 하면 돼. 위성에서 지상까지 케이블을 늘어뜨리면 튼튼한 기둥 완성!

"다행이다. 그런데 튼튼한 케이블은 무엇으로 만들어?"

우주까지 이어질 만큼 길고 강하고 가벼워야 해. 쉽게 부

식되고 무거운 금속은 적절하지 않겠지?

"어휴, 그런 물질이 있기나 해?"

탄소 나노 튜브가 있잖아!

"탄소 나노 튜브?"

탄소 원자가 육각형의 모양으로 배열되어 동그랗게 말린 것 말이야.

탄소 나노 튜브로 만들면 아주 길게 만들 수 있고, 아주 강하고 가벼워. 탄성이 있어서 쉽게 부러지거나 끊어지지 않지.

"그런데 그냥 탄소로만 되어 있다고?"

맞아, 연필심의 흑연이 탄소로만 되어 있는 것처럼.

"흑연은 잘 부서지잖아."

그렇지, 그런데 세상에서 가장 단단한 광물인 다이아몬드도 흑연처럼 탄소로만 되어 있어.

"말도 안 돼!"

무른 흑연이 단단한 다이아몬드랑 같은 구조라니 이상할

거야. 그런데 흑연이 아주 높은 열과 압력을 받으면 탄소 원자 배열이 바뀌는데 이때 아주 단단해져. 그게 바로 다이아몬드야.

탄소 원자를 얇게 한 겹으로만 이어 붙이면 그래핀을 만들 수 있어. 그리고 한 겹으로 된 탄소 원자를 돌돌 말면 바로 탄소 나노 튜브가 되는 거지. 탄소 나노 튜브는 강하고 가벼운 데다 탄성도 있어.

흑연, 다이아몬드, 그래핀, 탄소 나노 튜브
모두 탄소로만 이루어져 있지만
어떻게 배열해 있느냐에 따라
성질이 모두 달라진다는 거야!

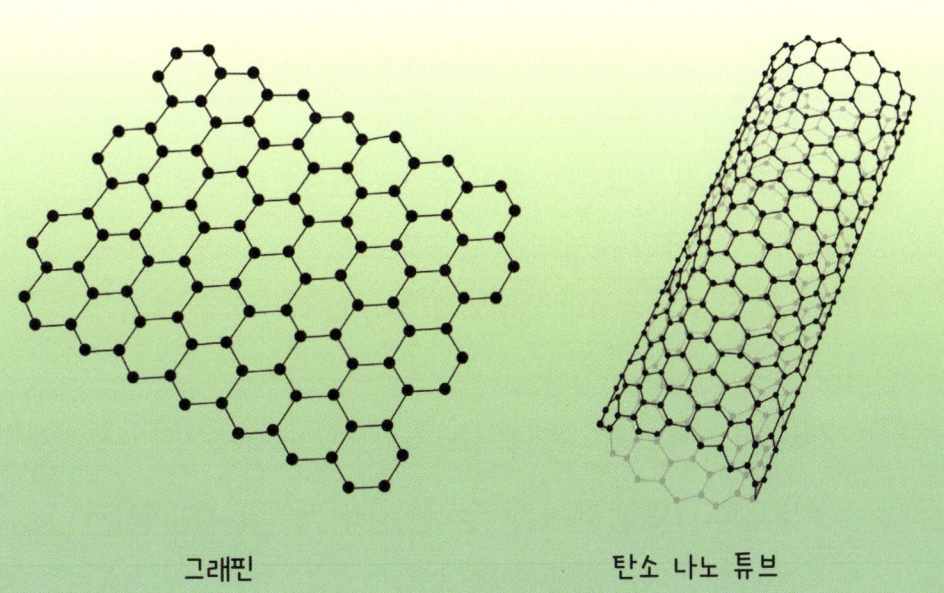

그래핀　　　　　　　　탄소 나노 튜브

"진짜 신기하다!"

이제 우주에 떠 있는 위성에서 탄소 나노 튜브 케이블을 아래로 늘어뜨리면 돼. 길게, 길게, 길게. 지상에 닿을 때까지 말이야. 그리고 중간에 구조물을 건설할 수 있는 인공위성도 띄워야 해. 케이블을 통해 지구에서 제작한 엘리베이터가 오가면서 건설 자재를 실어 나를 수도 있지.

"그렇다면 우주 엘리베이터에도 전기가 필요하겠다."

맞아.

"3만 6천 킬로미터의 높이까지 전기를 어떻게 보내?"

그렇게 긴 전선을 쓰려면 너무 무겁겠지?

"상상할 수도 없어."

전선을 쓰지 않고, 지상에서 전기를 전자기파나 레이저로 바꿔서 쏘아 올리는 방법을 연구하고 있어. 그러면 지오스테이션에서 전자기파나 레이저를 받아 다시 전기로 바꿀 수 있지.

"레이저로 전기를 만들 수 있다고?"

햇빛으로 태양광 에너지 만드는 것을 생각해 봐. 레이저도 빛이니까 전기로 만들 수 있어.

"우주 엘리베이터를 만드는 데 정말 많은 과학 기술이 필요하구나. 빨리 미래가 와서 우주 엘리베이터를 타고 싶어."

그럼, 우주로 향하는 길은 과학 기술이 없으면 불가능해. 과학 기술이 발달하면서 우주가 한층 가까워지고, 우주에 나갈 준비를 하면서 과학 기술이 발달하기도 해.

5
태양에 얼마나 가까이 갈 수 있을까?

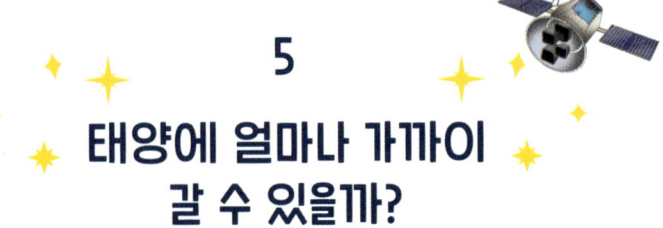

"앗, 뜨거워!"

태양에 가까워져서 그래.

"뜨거운 태양에는 왜 가까이 가는 거야?"

요즘 태양 때문에 골치가 아프거든. 그래서 태양을 자세히 알아봐야겠어.

"태양 때문에?"

우주 날씨가 태양 때문에 엉망이란 말이야.

"우주에 비바람이 치는 것도 아닌데 우주 날씨라니, 무슨 소리인지 모르겠어."

우주 날씨는 태양 활동으로 지구 주변에 나타나는 현상

을 말해. 지구를 둘러싼 대기에는 전기를 띤 입자가 있는 전리층이 있어. 또 지구는 커다란 자석이어서 주변에 자기장도 있지. 그런데 태양 활동 때문에 지구의 전리층과 자기장이 평소와 달라지는 거야.

"그러면 지구에 무슨 일이 생겨?"

극지방에서 화려한 오로라를 볼 수 있지.

"그건 멋진 일이잖아."

하지만 오로라는 지구에 전파 장애를 일으키기도 해. 티브이나 라디오 같은 방송에 문제가 생기거나 휴대전화를 이용하지 못할 수도 있어. GPS로 길 찾기도 어려워지지. 모든 전자 기기가 고장 날 수도 있어. 그래서 심할 때는 정전되어 도시 전체가 마비되기도 해.

"세상에! 어떻게 그런 일이 일어나는 거야?"

바로 태양이 일으키는 폭풍 때문이야.

"**태양 폭풍**?"

맞아, 태양 활동이 활발해지면 태양 표면에서 폭발이 일어나. 그러면 전기를 띤 입자나 자기장이 폭풍처럼 지구로 몰려와서 지구의 전리층과 자기장에 영향을 주는 거야. 그걸

태양 폭풍이라고 해.

"그래서 우주 날씨가 나빠진다고 하는구나."

> 그래도 다행히 우주 날씨를 예측할 수 있어. 태양 활동은 주기적이거든.

"어떻게 태양이 주기적으로 활동해?"

태양 표면에는 커다란 흑점, 즉 검은 점이 있어. 그런데 태양 활동이 활발할 때 이 흑점의 개수가 늘어나더래. 그리고 그 주기는 대략 11년 정도지.

"그래서 태양을 계속 보는 거야?"

맞아. 하지만 왜 태양 활동이 주기적으로 활발해지는지는 아직 알지 못해.

"그래도 태양 탓만 할 수는 없어. 태양이 지구 생명에 꼭 필요하잖아."

잘 알고 있구나. 지구는 태양 덕분에 적절한 온도를 유지해. 그래서 생명이 살기 좋은 환경이 되었고, 태양 덕분에 영양분을 만들어 살아가고 있어. 하지만 태양에 대해 모르는 것이 정말 많아.

어때, 태양에 가까이 가서 태양을 알아봐야겠지?

"응, 태양에 대해 더 궁금해졌어. 그런데 태양은 얼마나 뜨거워?"

태양 표면의 온도는 약 6천 도나 돼. 태양을 그릴 때 사자 갈기처럼 그리는 부분, 이글이글 타오르는 태양의 대기인 **코로나**는 100만 도 이상이야.

"그렇게 뜨거운데 가까이 가겠다고? 안 돼!"

괜찮아. 우리가 더 가까이 갈 필요는 없어. 사람이 타지 않은 무인 탐사선을 보내고 있으니까.

"정말? 다행이다."

1960년부터 파이어니어 5호를 뜨거운 태양을 탐사하기 위해 보냈어. 그 뒤로 헬리오스 탐사선이 태양 가까이 가서 본격적으로 태양의 비밀을 파헤쳤고 말이야.

"그 둘은 태양의 비밀을 좀 알아냈어?"

물론이지, 태양 표면과 우주 날씨를 만드는 태양 폭풍에 대해서 알아냈어.

태양 표면은 지구와 아주 달라. 아주아주 뜨거워서 기체도 액체도 아닌 상태로 전기를 띤 입자들이 있다는 것을 알아냈어. 어려운 말로 **플라스마** 상태라고 해.

또 태양풍이 불 때 플라스마 상태의 입자가 나오는 것도 알아냈어.

그래서 태양풍이 불어오면
지구 자기장에 영향을 주는 거야.

그리고 이런 태양풍은 이글이글 타오르는 태양 표면의 코로나에서 발생한다는 것까지 말이야.

"대단한걸!"

하지만 아직 모르는 게 많아서 태양에 더 가까이 갈 수 있도록 탐사선을 또 보냈어.

"어떤 탐사선을 보냈는데?"

파커 태양 탐사선이야. 이 탐사선의 임무는 바로 '태양에 닿아라!'지.

"태양에 닿으면 탐사선이 다 녹을 텐데……."

아니, 직접 닿으라는 것은 아니야. 닿을 만큼 가까이 가라는 이야기지. 그래서 열을 막을 수 있게 아주 튼튼히 만들었어. 약 1,400도에 이르는 온도를 견딜 수 있도록 11.4센티미터나 되는 두께의 특수한 재질로 태양열을 막을 수 있는 **방열판**을 달았어.

"태양의 코로나는 100만 도가 넘는다며? 녹아 버리면 어떡해?"

괜찮아. 온도는 열이 아니거든.

"그건 또 무슨 소리야?"

목욕탕의 물은 40도만 되어도 뜨거워서 들어가기 어렵지만, 70도가 넘는 사우나는 들어갈 수 있잖아. 물에는 40도 정도 되는 열을 가진 물 입자가 모여 있지만, 사우나에는 70도 되는 공기 입자가 드문드문 떨어져 있어서 우리 몸에 닿는 열의 양이 달라.

마찬가지로 태양의 코로나는 어마어마하게 뜨겁지만, 다행히 우주 공간에는 열을 직접 전달하는 입자가 적기 때문에 태양에 가까이 갈 수 있는 거야.

그래도 엄청 뜨겁긴 하지.

"다행이다. 그런데 방열판만으로 태양의 어마어마한 열을 막을 수 있을까?"

아니, 모든 장치가 열을 막을 수 있도록 만들었어. 태양을 정면으로 향하는 열 차단막은 빛을 모두 반사해서 열을 적게 받는 하얀색이야. 또 겉부분은 열을 차단하는 재료로 만들고, 안에는 마치 스펀지처럼 공기가 대부분을 차지하도록 만들어. 공기로 채워져 있어서 열이 안으로 쉽게 전달되지 않지.

그리고 열 차단막이 항상 태양을 향하도록 방향을 정하는 센서도 있어. 이런 중요한 장비는 모두 열 차단막 뒤에 안전하게 장치하고 말이야. 열 차단막 뒤는 냉각 장치 덕분에 항상 약 30도가 유지되거든. 그 밖의 장비는 열에 아주 강한 합금으로 만들었지.

"정말 준비를 단단히 하고 갔구나!"

맞아, 파커 태양 탐사선은 7년 동안 태양을 24바퀴 돌며 태양풍을 관측하고 코로나를 연구한 다음 태양의 뜨거운 대기를 향해 갔어.

"타오르는 태양에 그렇게 가까이 갔다고?"

> 파커 태양 탐사선이 인간이 만든 가장 빠른 물체여서 가능했지. 시속 70만 킬로미터에 다다르거든.

"가장 빠른 물체라고?"

맞아, 태양의 중력을 버티면서 태양의 중력을 이용해 빠른 속도로 더 가까이 가는 거야. 코로나에서 어떻게 열이 전달되는지 그 비밀을 알아내기 위해서 말이야.

"미래에는 태양에 관해 무엇을 더 알아낼지 정말 궁금해!"

6
달 기지

"저기 지구가 보여!"

파랗고 동그란 지구 맞아.

"지구가 이렇게 가까워 보이면 여기는 **달**이야?"

맞아, 달이야.

"아닌 것 같아. 달인데 사람들이 있잖아. 이상한 건물도 보이고 자동차도 달리는데?"

미래니까. 미래의 달에 온 걸 환영해.

지금 달에 기지를 세우고 있어.

저기 보이는 바퀴가 여러 개 달린 자동차는 **월면차**야. 달에서 달리는 차를 말해.

"달에 기지를 세운다고?"

응. 한동안 중단되었던 **달 탐사**가 시작되었잖아.

"달에 우주선을 보내는 건 나도 봤어. **아르테미스 프로그램**이라고 했어."

알고 있구나. 아르테미스 프로그램은 2022년에 다시 시작된 달 탐사 계획이야. 아폴로 17호 이후 중단된 달 탐사가 50년 만에 다시 시작됐지.

"달에 가는 게 처음이 아니었어?"

이미 아르테미스 프로그램 전에 달에 발자국을 남기고 온 사람도 있는걸!

"정말?"

1969년에 쏘아 올린 아폴로 11호에 탄 사람이었어.

다시 시작된 아르테미스 프로그램의 첫 번째 단계는 오리온 우주선을 달 궤도까지 보내는 거였어. 멋지게 달 궤도를 돈 오리온 우주선은 지구 사진을 찍어 보내고 다시 지구로 돌아왔어.

"어? 사람들은 달에 가지 않았어?"

사람이 달에 직접 가는 건 아르테미스 프로그램 3단계부터야. 아르테미스 프로그램은 다시 달에 사람들이 발을 디디

게 하는 걸 목표로 단계를 나누어 진행했거든.

　무인 우주선이 달 궤도를 왔다 가고, 사람들이 탄 유인 우주선이 달 궤도를 돌며 관찰하다가 드디어 달에 사람이 착륙하는 거지. 사람이 가는 거니 최대한 안전을 기해야 해.

　달 궤도에 우주 정거장도 지어. 루나 게이트웨이라고 하는 우주 정거장은 우주선이 지구로 드나들기 쉽고 사람도 머물 수 있어.

　그러려면 달 표면에 달 기지가 있어야 하지. 사람이 머물 수 있고 연구도 할 수 있도록 말이야. 달 표면을 달릴 바퀴가 여러 개 달린 월면차와 로봇의 도움을 받아서.

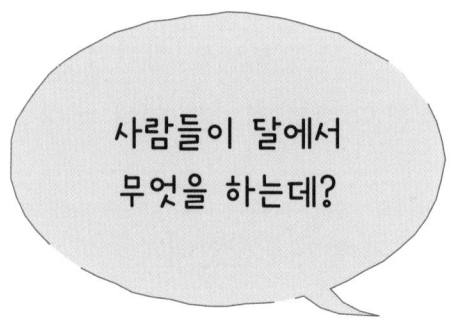
사람들이 달에서 무엇을 하는데?

> 처음에는 머물 기지를 짓고,
> 또 달의 남극처럼
> 잘 알려지지 않은 곳도 탐험해.

"달의 남극?"

달 표면의 움푹 팬 곳 중 하나야. 달의 남극은 사람이 머무르기 좋은 환경은 아니지만, 물이 있을 거라고 생각되는 곳이야.

"달에도 물이 있을 수 있구나!"

사람들은 특수한 우주복을 입고 달 표면에 내려 사진과 영상을 찍고 암석 샘플을 채취할 거야. 이전에 아폴로 11호를 타고 온 사람들이 내렸던 지역과는 다른 곳을 탐사하기 때문에 달의 새로운 모습을 볼 수 있지.

"월면차? 그 신기한 차에 대해 이야기해 줘."

달에서 사람들이 타고 다닐 자동차야. 달의 남극은 영하 90도에서 영하 230도까지 내려가기 때문에 차가운 온도를 견딜 수 있게 설계해. 또 자율 주행으로 운행하는데, 달과 지구 양쪽에서 모두 조종이 가능해.

"우아, 지구에서 조종하면 재미있겠다. 그런데 주유소나 전기 충전소가 필요하지 않아?"

태양광 패널이 있으니까 괜찮아. 태양 빛을 바로 전기로 만들어 낼 수 있으니까.

월면차는 달의 암석 샘플을 담을 수 있도록 만들었기 때문에 달 탐사에 꼭 필요해.

"그런데 사람들은 왜 달에 기지를 짓고 탐사하는 거야?"

태양계의 비밀을 알 수 있거든.

"달이 아닌 태양계의 비밀?"

달은 지구가 생겨난 지 얼마 되지 않았을 때 천체가 충돌하면서 만들어졌어. 충돌한 천체의 일부는 지구에 흡수되었지만, 남은 부분이 지구 주변을 돌게 되었지. 그 파편이 뭉쳐 달이 되었거든.

"그럼 달을 탐사하면 지구에 대해 더 잘 알 수 있겠네."

맞아, 그리고 지구는 사람들이 변화시켰지만 달은 45억 년 전 그대로야. 달을 탐사하면 지구가 어떻게 변화하는지 알 수 있어.

"달과 지구에 대해 알면 무엇이 좋은 거야?"

> 더 먼 미래의 지구를 예측할 수 있고, 달에 인간이 머물러도 괜찮은지 알 수 있지.

"그렇게 되면 달에 도시를 세울 수 있겠구나!"

맞아. 또 달에는 자원이 풍부해. 특히 지구에 없는 유용한 자원도 있어. 헬륨3(헬륨 스리), 우라늄, 백금 등 희귀한 자원이 많아. 모두 핵융합 에너지를 만드는 데 쓰이거나 스마트폰 같은 가전제품을 만들 때도 쓰이는 자원이야.

"그래서 많은 나라가 달에 탐사선을 보내는 거구나!"

응, 서로 협력할 때도 있고 독자적으로 탐사선을 보내기도 해.

NASA(나사)에서 실시하는 아르테미스 프로그램에는 우리나라를 포함해 18개국이 참여하고 있어. 여러 나라가 함께 탐사하기 위해 힘을 합치는 일도 인류에게는 중요해. 달에 인간이 살게 되면 서로 협력해야 하니까.

하지만 각 나라의 우주 기술을 발전시키기도 해. 우리나라는 다누리호로 달 궤도를 도는 인공위성을 쏘아 올렸어. 중국은 무인 우주선을 착륙시킨 데다 유인 우주선을 보낼 계획이야. 인도가 보낸 찬드라얀 3호의 착륙선과 탐사차가 달의 남극에 가장 먼저 착륙했지. 일본도 달 탐사선을 보냈고, 러시아도 달 탐사선을 보냈어. 중국에서는 창어 6호를 보내 달 토양 샘플을 가지고 왔는걸.

"우아, 그러면 달에 도시를 짓는 날이 올 수 있겠다."

그래, 달은 더 먼 우주로 나가기 전 만날 수 있는 지구에서 가장 가까운 천체니까.

7
화성에서 생명의 흔적 찾기

12킬로미터 높이, 초당 450미터의 속도.

낙하산이 펼쳐지자 내려오는 속도가 크게 줄었어.

10킬로미터 높이, 초당 145미터의 속도.

방열판이 분리되고 드디어 모습을 드러냈어.

6.6킬로미터 높이, 초당 100미터의 속도.

착륙 엔진을 준비해.

1킬로미터 높이, 초당 약 75미터의 속도.

지형 탐사 준비.

300미터 높이, 초당 약 30미터의 속도.

이제 화성 표면으로부터 약 20미터.

붉은 **화성** 표면에 먼지바람이 일어. 탐사선에서 단단한 줄이 내려와 화성 탐사를 위한 **로버**를 화성에 내려놓아. 낙하산이 펴지고 드디어 착륙!

2021년 화성 표면에 화성 탐사 로버인 **퍼서비어런스**가 화성 표면에 착륙했다는 이야기야.

"와, 언제 봐도 신나는 장면이야. 그런데 로버가 뭐야?"

**화성 표면을 달리며 화성을 탐사하는 탐사차야.
바퀴가 달려 자동차 같지만,
로봇 팔과 최신 장비를 갖추었지.**

"우아, 멋지다. 그런데 퍼서비어런스가 화성에 내려올 때 사용한 낙하산에 사용된 빨간색과 하얀색이 어떤 의미를 담고 있다면서?"

응, 이진법으로 나타낸 기호야. '위대한 일에 도전하라.'고 쓰여 있어.

"위대한 일에 도전하라고? 화성에서 도전할 위대한 일은 뭐지?"

퍼서비어런스가 착륙한 곳을 보면 알 수 있을 거야.

"그런데 왜 여기에 착륙한 거야? 여기가 중요해?"

응, '예제로'란 이름의 분화구로 지름이 약 1,200킬로미터나 돼. 운석이 자주 떨어졌던 곳이야. 그리고 강이 흐른 흔적이 있어. 물이 있었다면 생명이 있었을지도 몰라. 지구에서도 생명은 바다, 바로 물속에서 탄생했잖아.

"또 물이 있어야 생명이 살아갈 수 있어."

맞아, 그러니까 화성에서 할 위대한 일은 바로…….

"생명을 찾는 일!"

그것보다는 **생명의 흔적을** 찾는 일이야!

"생명을 찾는 일과 생명의 흔적을 찾는 일은 어떻게 달라?"

지금 화성에는 물이 없어. 그래서 지금보다 아주 오래전에 물이 있었을 때 생명이 있었을 거라 생각하지.

"지금은 생명이 없다고? 그러면 생명의 흔적을 찾는 게 중요해?"

생명의 흔적을 찾는다면, 화성에서 생명이 어떻게 생겨났고 사라졌는지 알 수 있어. 그러면 지구의 생명이 어떻게 생겨났는지도 더 정확히 알 수 있을 거야. 지구와 화성은 비슷한 점이 많거든.

또 언젠가 만날 외계 생명체를 이해하는 데도 도움이 될 거야.

"그건 그래. 충분한 준비 없이 외계인을 만난다면 너무 당황해서 어떻게 해야 할지 모를 거야."

"화성에 물이 흐른 흔적이 많아?"

응, 화성을 탐사했던 탐사선들이 물이 흘렀던 흔적을 발견했어. 화성의 양쪽 끝에서 얼음을 발견했지. 그리고 흙이 쌓여 만든 삼각형 모양의 땅도 발견했어.

지구에서도 강이 흐르는 곳에 삼각형 모양의 땅이 만들어져. 그래서 물이 흘렀다는 증거가 되는 거야.

"그런데 화성의 물은 다 어디로 갔어?"

옛날에는 화성도 지구처럼 커다란 자석 같았어. 자기장이 화성을 둘러싸고 있었지. 하지만 지금의 화성은 자기장이 사라지고 없어. 그러면서 대기도 사라지고, 물이 말라 사막같이 변했지. 생명체가 살기 어려운 환경이 된 거야.

"저런, 그럼 언젠가는 지구도 그렇게 될지 모른다는 거야?"

그럴 가능성은 낮아. 하지만 이웃 행성의 변화를 보고 우리의 미래가 어떻게 될지 여러 가지로 생각해 볼 수 있지.

"그렇겠다. 우리 지구의 자기장은 화성처럼 힘을 잃으면 안 될 텐데……."

너무 걱정하지 않아도 된다니까.

"그런데 어떻게 생명의 흔적을 찾는지 궁금해."

퍼서비어런스의 임무는 화성의 땅, 지질을 조사하고 암석 샘플을 채취하는 거야.

지질을 조사하면
여러 시대의 환경을 알 수 있거든.

물이 흘렀을 곳에 남겨진 생명의 흔적을 찾을 수 있도록 말이야.

"퍼서비어런스가 화성에 보낸 첫 **탐사 로버**야?"

아니, 2012년 화성의 다른 쪽에 먼저 도착한 탐사 로버 큐리오시티가 있어. 큐리오시티는 화성에 물이 흘렀다는 증거와 생명을 구성하는 물질을 발견했어.

2004년 화성에 착륙한 탐사 로버 오퍼튜니티도 물의 흔적을 찾고 화성의 기후도 조사했지만, 길을 잃고 활동을 중단했어.

이제 퍼서비어런스 자랑 좀 해 볼까?

"무슨 자랑?"

퍼서비어런스의 성능 말이야.

퍼서비어런스는 지구에서 원격 조종이 가능한 데다 그 자체만으로도 움직이는 실험실이거든.

성능 좋은 카메라와 환경 분석기, 지하 지질 구조를 탐지하는 레이더도 갖추고 있어. 게다가 높이 날아올라 길을 안내해 줄 헬리콥터인 **인제뉴어티**도 부착되어 있지.

"인제뉴어티?"

응, 퍼서비어런스 아랫부분에 붙어 함께 화성에 간 헬리콥터야.

"우아, 화성 탐사에 헬리콥터가 필요해?"

인제뉴어티의 임무는 아주 간단해. 화성에서 정상적으로 날아오르기만 하면 돼.

"무슨 소리야? 그건 헬리콥터의 기본 아니야?"

그렇지 않아. 화성의 중력은 지구의 3분의 1밖에 되지 않아서 대기가 희박해. 지구의 1,000분의 6 정도? 비행기나 헬리콥터가 날아오를 때는 공기가 필요하거든. 그러니까 대기가 희박한 화성에서 헬리콥터가 날아오르기만 해도 대단한 일이야.

"화성 환경은 지구와 다르다는 것을 생각하지 못했어."

다른 행성을 탐사할 때 탐사 장비는 그 환경에 맞추어 만들어야 해. 얼마나 많은 연구가 필요한지 알겠지?

"퍼서비어런스는 무슨 일을 해?"

36억 년 전의 광물을 찾아.

"36억 년 전의 것을 어떻게 찾아?"

우리 지구에도 맨 아래 쌓인 지층을 조사해서 아주 오래된 광물을 조사할 수 있잖아.

화성에서도 마찬가지야. 오래된 광물을 찾아서 물이 흘렀을 때의 기후와 환경을 알면, 생명이 어떤 조건에서 생겨났고 사라졌는지 그 과정을 알 수 있게 되는 거야. 그러려면 암석 샘플을 채취해서 지구로 보내야 해.

"조그마한 탐사 로버한테 너무 많은 것을 시킨 것 같아."

퍼서비어런스를 휴대전화나 자동차쯤으로 생각하면 안 돼. 최첨단 기술을 가진 뛰어난 로버라고! 하지만 이번 임무는 도와줄 다른 로버가 필요해.

"도와줄 로버? 누가 또 있어?"

화성에 곧 도착할 **리턴 로버**야. 리턴 로버는 던지기 대장이지.

"뭘 던지는데?"

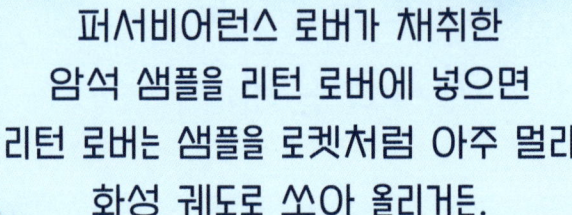

퍼서비어런스 로버가 채취한
암석 샘플을 리턴 로버에 넣으면
리턴 로버는 샘플을 로켓처럼 아주 멀리
화성 궤도로 쏘아 올리거든.

"우아, 재밌겠다. 그런데 우주 공간으로 무작정 쏘아 보내면 어떻게 해?"

걱정하지 마. 화성 주변에는 우주선들이 돌고 있어. 우주선이 우주에 떠 있는 샘플을 수거해 지구로 가져오면 돼. 사람이 가지 않고 로버들이 해내는 거야!

"화성 로버들이 협력하고 있다니 대단해. 그 안에 생명의 흔적도 있으면 좋겠다!"

맞아, 퍼서비어런스가 화성에서 사람이 머물 탐사 기지를 만들 준비를 하는 동안 화성 샘플은 지구에 도착할 거야.

"그런데 로버들이 어떻게 이렇게 일을 잘해?"

지구에 똑같이 만든 쌍둥이 로버들이 있어. 문제 상황에

닥쳤을 때 해결 방법을 지구에서 찾은 다음, 화성에 있는 로버들에게 그대로 알려 주지.

"우주에 가기 위해 연구한 첨단 기술이 화성과 지구를 연결시켜 준다니 정말 놀라워!"

8
목성의 얼음 위성을 탐사하는 이유

"연한 갈색에 줄무늬가 있어. 게다가 어마어마하게 크다면…… 저건 목성이 분명해!"

큰 덩치를 자랑하는 **목성**이 맞아. 지구의 11배나 될 정도로 크지만, 수소와 헬륨같이 가벼운 액체와 기체로 이뤄져 있지.

"단단한 고체가 없는 행성인 줄 몰랐어! 그런데 목성 옆에 있는 작은 천체는 뭐야?"

목성의 위성이야. 지구 위성은 딱 하나, 달뿐이지만 목성은 92개나 되는 위성을 갖고 있어.

"우아, 크기만큼 대단하구나. 그런데 저게 뭐야? 목성의 위성에서 무언가가 솟구치는데?"

저걸 보다니, 운이 좋네. 목성의 위성 중 하나인 **유로파**에서 물기둥이 분출된 거야.

"얼음도 아닌 물이 있다고?"

응, 얼음도 아닌 물! 지구에 물이 있고, 화성에 물이 흘렀던 흔적이 있어. 그렇다면 다른 태양계 행성에 또 물이 없으리란 법은 없지. 태양계 행성은 모두 비슷한 시기에 만들어졌거든.

물이 있으니까 어쩌면 살아 있는 생명을 찾을지도 몰라.

"이번에는 찾으면 좋겠다."

사실 목성은 대기가 너무 짙고 아주 뜨거워서 생명이 살기 어려운 환경이라 과학자들은 기대도 하지 않았어.

"그러면 유로파에만 물이 있을까?"

목성의 위성 중 주목할 만한 커다란 위성은 네 개로 이오, 유로파, 가니메데, 칼리스토야.

모두 꽁꽁 언 얼음 위성이지.

여기서 우리가 특별히 주목할 위성은 유로파, 가니메데, 칼리스토야. 모두 표면은 꽁꽁 얼어 있는데, 그 얼음 밑에 물이 있을 수 있거든. 그것도 아주아주 많은 물이!

"얼마나 많은데?"

과학자들은 목성 얼음 위성에 지구의 바다보다 많은 물이 있을 거라고 예상해.

"우아, 얼음 아래 있는 바다라니! 그 안에 뭐가 있을까?"

아직 모르지. 하지만 지구의 생명도 바다에서 생겨났으니까, 지구처럼 목성 위성에도 생명이 있을 거라고 생각하는 거야.

"두근두근, 내 심장 뛰는 소리 들려? 정말 목성의 위성에 바다가 있을까?"

궁금하면 가 봐야지! NASA에서는 2024년 유로파에 클리퍼 우주선을 보냈고, 유럽 우주국에서는 가니메데를 향해 주스를 보냈어.

"주스? 맛있겠다!"

아니, 과일 주스처럼 마시는 주스가 아니야. 바로 목성을 탐험하는 **주스(JUICE)**, 목성의 얼음 위성 탐사선이라는 뜻이지.

주스는 얼음 위성 **가니메데**를 탐사할 거야. 거대한 가스 행성 목성이 어떻게 생겨났고, 얼음 위성이 어떻게 생겨났는지 알아보는 거야. 얼음 위성에 바다가 정말 존재하는지, 바다가 어떻게 생겼는지도 말이야.

또 가니메데가 커다란 자석과 같은지, 목성과 그곳에 정말 생명체가 있었을지, 혹시 지금 있을지도 함께 알아보는 거야.

> 주스는 가니메데의 궤도를 아홉 번쯤 돌며 탐사해. 그러고 나서 '쾅!'

"쾅?"

두께가 100킬로미터가 넘는 단단한 얼음에 부딪칠 거야. 그 안에 바다가 있다는 것을 증명해 보이기 위해서지.

"이런! 직접 부딪친다니, 주스는 지구로 돌아올 수 없겠어!"

주스는 2023년 목성을 향해 출발했어. 그리고 8년 동안이나 목성을 향해 나아갈 거야.
"세상에! 8년이나 가야 한다고?"
목성과 목성의 위성은 아주 멀리 떨어져 있거든. 8년 동안 쓸 에너지를 얻기 위해 태양 전지판을 달고 있어. 하지만 이것만으로는 충분하지 않아. 그래서 목성으로 가는 길을 영리하게 잡았지.
"목성까지 직선으로 가는 게 가장 빠르잖아."
그러려면 너무 많은 에너지가 필요해. 목성까지 가는 동안 태양으로부터 점점 멀어져서 태양 에너지를 받기가 어려워지거든. 에너지를 줄일 수 있는 길을 찾아야 해. 배가 너무 고프면 놀이터로 가지 않고 집에 먼저 오는 것처럼 말이야.
"어떤 방법이 있을까?"
목성까지 가는 길은 목성이 지구와 태양으로부터 반대편에 있을 때는 9억 6천 8백만 킬로미터 그리고 가까이 있을 때는 6억 킬로미터 정도가 돼.

하지만 모든 행성과 위성은 태양 주변을 공전하며 스스로 뱅글뱅글 계속 돌고 있지.

"맞아, 지구와 목성 사이에는 화성이 있어."

그래, 어떤 행성이나 위성을 지나갈 때 그 천체들의 중력이 잡아당기는 힘과 회전하는 힘을 이용해 멀리 날아갈 수 있어. 이런 방법을 **스윙바이**라고 해.

"스윙바이?"

정글에 사는 원숭이가 나뭇가지에 팔로 매달려 이동하는 장면을 상상해 봐. 원숭이는 움직이는 방향으로 나아가려는 힘과 회전하는 힘을 이용해서 멈추지 않고 이 나무에서 저 나무로 부드럽게 옮겨 가잖아.

주스도 처음에는 달의 중력과 회전하는 힘의 도움을 받아 멀리 나아가. 커다란 동그라미를 그리며 돌다가 금성의 중력과 회전하는 힘을 이용해 또 멀리 나아가는 거야. 그다음 지구와 화성의 힘을 받아 멀리 나아가기를 두 번. 점점 더 궤도를 크게 돌아 목성에 2031년에 도달해. 그리고 목성 주변을 돌 때도 가니메데와 유로파의 중력을 이용해 스윙바이 하지.

"우아, 정말 재미있겠다! 마치 그네 타는 것 같아."
이렇게 어렵게 가도 도착한 곳에 기대했던 생명체가 없

을지도 몰라. 어쩌면 운이 좋게 생명의 시작인 박테리아를 발견할 수도 있어. 발견하더라도 지구에서처럼 다른 생물로 진화할 수 있을지 관찰하려면 수십 년이 걸릴지도 모르지만.

하지만 가만히 앉아서는 아무것도 알 수 없잖아. 직접 가 보는 거야!

9
골디락스 행성을 찾아서

 옛날에 골디락스라는 소녀가 숲에서 길을 잃었어. 숲을 헤매던 골디락스는 숲속에서 집 한 채를 찾았지. 집에 들어가 보니 곰 가족의 집이었고 다행히 아무도 없었어.
 곰 가족의 집에는 의자 세 개와 침대 세 개, 식탁 위에 수프 세 그릇이 있었어. 배가 고팠던 골디락스는 식탁에 있던 그릇들을 살펴보았어. 세 그릇 중 큰 그릇은 너무 뜨겁고, 중간 그릇은 너무 차갑고, 작은 그릇만이 먹기에 알맞은 온도였어.
 "갑자기 무슨 이야기야?"
 골디락스와 곰 세 마리 이야기야. 골디락스는 어떤 수프

를 먹었을 것 같아?

"당연히 작은 그릇에 있는 먹기 알맞은 온도의 수프겠지."

맞아, 골디락스가 먹기에 딱 알맞은 수프. 이것이 우리가 이제 찾아야 할 거야.

"그게 대체 무슨 말이야?"

> 우주에서 생명이 살기에 딱 알맞은 지구 같은 행성을 찾는다는 말이야.

"아하! 이제 알겠어."

생명이 살기 위해서는 너무 뜨거워도, 너무 차가워도 안 돼. 적절한 온도를 유지해야 하지. 태양에서 너무 가까우면 뜨거워서 생명체가 살기 어려워. 또 너무 멀면 추워서 생명체가 살기 어렵지. 지구와 태양을 생각해 봐.

"맞아, 지구가 수성만큼 태양에 가까웠다면 너무 뜨거워서 생명체가 살아남지 못했을 거야."

지구처럼 이글이글 타오르는 태양으로부터 적절한 거리에 있는 행성이 생명이 살기에 알맞다는 이야기야. 골디락스가 곰 가족의 집에서 알맞은 온도의 수프를 찾았잖아. 그래서 항성에서 적절한 거리에 있고 적절한 온도를 유지하는 지역을 **골디락스 영역**이라고 해.

"곰 이야기를 왜 했는지 알겠어! 골디락스 영역 때문이었구나."

또 생명이 살기 위해서는 무엇이 필요할까?
"물이 반드시 필요해!"
맞아, 생명은 물에서 시작되었다고 했잖아.

**물은 생명이 시작되는 데도
생명이 살아가는 데도 꼭 필요해.**

"그런데 왜 꼭 물이어야만 할까?"
물은 생명체를 구성해. 영양분과 산소를 운반하고, 체온을 유지해 줘. 그럴 수 있는 것은 물의 성질 때문이기도 해.

물은 다른 물질을 잘 녹여서 다양한 화학 반응이 일어나도록 해. 게다가 기온이 내려가 물이 꽁꽁 얼어 얼음이 되어도 물 위에 둥둥 떠. 겨울이 되어 물 표면은 얼어도 아래쪽 물은 얼지 않기 때문에 물속에 있는 생명이 살아남을 수 있어.

"생명이 살기 위해서는 액체 상태인 물이 필요하구나."

맞아, 그래서 골디락스 영역을 찾는 거야. 생명이 살고 있는 제2의 지구가 있을 확률이 높거든.

"우아, 골디락스 영역에서 외계 생명을 찾는 미래가 기다려져!"

저기 저 위성을 봐.

"어떤 위성이야?"

바로 행성 사냥꾼이야. 2018년부터 활동하고 있는 천체면 통과 외계 행성 탐색 위성, 줄여서 **테스(TESS)**라고 불러.

"행성 사냥꾼?"

지구 주변을 돌며 외계 행성을 관측하며 골디락스 영역에 있는 지구와 비슷한 크기의 행성을 찾는 위성이야.

"우아, 이름만 들어도 재미있는데?"

테스는 케플러 위성이 하던 일을 이어받았어. 2년 만에 지구에서 보이는 하늘의 75퍼센트를 관측했지. 수천 장의 우주 사진을 찍고, 인공지능 프로그램으로 66장의 외계 행성 사진을 골라내고 그중에서 지구와 비슷한 크기의 외계 행성을 찾았어.

"대단해. 태양계 밖에 있는 행성을 어떻게 찾아?"

관측을 통해 바로 찾을 수 있어. 물론 행성을 관측하는 일이 쉬운 일은 아니야. 스스로 빛을 내며 반짝이는 항성은 망원경으로 잘 보이지만 반짝이지 않는 행성을 보기는 어려워. 게다가 아주 멀리 있으니까.

"그러면 어떻게 찾을 수 있어?"

행성이 항성 주위를 돌 때, 항성 앞으로 행성이 오면 항성이 가려져서 밝기가 살짝 어두워져. 그걸 이용하는 거야.

또 별빛을 분석하기도 해. 그럼 행성의 움직임을 알 수 있거든.

"가까운 행성 중에 골디락스 행성이 없을까?"

태양계에서 가장 가까운 별 중 하나는 프록시마야. 프록시마 주변을 도는 프록시마 b행성은 지구만 한 크기야. 그리고 항성과는 태양과 지구 정도의 거리에 있지. 아주 알맞은 골디락스 영역에 있다는 뜻이야.

"그러면 이제 외계인을 만나러 프록시마 b행성으로 가면 될까?"

아직 아니야.
골디락스 영역에 있다고 해서
모두 생명체가 살고 있다고
할 수는 없어.

행성의 대기가 너무 짙으면 온도가 높아질 수 있어. 짙은 이산화탄소 대기를 가진 금성처럼 말이야. 보기에는 아름답지만, 금성 표면의 온도는 400도가 넘는걸. 그래서 생명이 살아남기 어려워.

반면에 지구처럼 암석 표면을 가진 행성이라면 액체 상태의 물이 존재할 가능성이 있어.

"생각보다 골디락스 행성을 찾는 것은 쉽지 않겠어. 생명체가 살 수 있는 조건이 이렇게 까다로운지 몰랐거든."

우주가 정말 정말 넓기 때문이야!

"그래도 지구와 닮은 행성에 사는 외계인을 찾을 미래가 정말 기대돼!"

10
소행성에서 캐 온 우주 자원

"달에서 가져온 철로 만든 자동차와 소행성에서 가져온 니켈로 만든 휴대전화? 정말이야?"

그럼, 미래에는 달과 소행성에서 가져온 자원으로 만든 물건을 써.

"온라인 게임에서 외계 행성의 자원을 채취해 본 적 있지만, 정말 가능할 줄은 몰랐어."

> 지구에 자원이 묻혀 있듯 우주에 있는 다른 천체에도 다양한 자원이 있어.

지구와 비슷한 성분으로 이루어진 천체도 있고, 지구에 거의 없는 희귀한 자원을 가진 천체도 있지.
"생각해 보니 그렇겠다. 태양계 행성들은 비슷한 시기에

만들어졌고, 특별하게 지구에만 자원이 있을 리가 없잖아."

맞아, 그리고 지구의 자원은 사람들이 써서 점점 줄어드는데 외계 행성에는 아무도 손대지 않은 자원이 풍부하게 있어.

"그렇다면 우주에는 자원이 정말 많겠구나!"

"우주에는 어떤 자원이 있어?"

먼저 가장 가까운 달을 봐. 달에는 단단한 철과 합금을 만들 때 쓰는 니켈같이 우리에게 익숙한 자원도 풍부해. 게다가 헬륨3같이 희귀한 자원도 있다는 사실! 헬륨3는 엄청난 에너지를 만들 수 있는 핵융합 발전에 쓰여.

"맞아, 그래서 사람들이 달 탐사를 서두르고 있었어."

그리고 주목해야 할 것은 바로 **소행성**이야.

"소행성? 그게 뭐야?"

소행성은 행성이나 위성이 아닌 작은 천체를 말해. 주로 화성과 목성 사이에 수천 개의 소행성이 태양을 중심으로 돌고 있지. 소행성이 많이 모인 구역을 **소행성대**라고 해. 지름이 1킬로미터보다 큰 소행성 110만~190만 개와 그보다

작은 소행성 수백만 개가 있어. 가끔 영화에서 소행성 충돌이 예상된다고 할 때 나오기도 해.

"으악, 지구로 떨어지는 것은 아니겠지?"

간혹 지구로 오기도 하지만, 과학자들이 잘 감시하고 있으니 너무 걱정하지 않아도 돼.

소행성은 대부분 화성이나 목성 같은 행성이 되려다가 소행성으로 남았지.

**지구와 비슷하게 형성되어서
지구의 비밀을 알아내는 데도 도움이 되어
과학자들이 관심을 두고 있어.**

연구해 보니 이 많은 소행성이 다양한 광물과 금속으로 이뤄져 있다는 것을 알아냈어. 그야말로 자원의 보물 창고란 말이지.

"소행성이 보물 창고라고? 하지만 너무 멀잖아. 다른 천체에서 자원을 가져오는 게 쉽지 않을 것 같아."

맞아, 어려운 일이야. 멀리 있는 천체에서 자원을 찾고 산소가 없는 환경에서 자원을 채굴해야 하지. 그리고 우주를 날아 지구로 운반해 오는 일도 쉽지 않아.

"과학자들은 물론 방법을 찾았을 거야."

우주 자원을 찾으려면, 우주 망원경으로 관측한 다음, 직접 **탐사선**을 보내 암석 샘플을 채취해서 어떤 광물이 있는지 알아내. 이런 기술을 바탕으로 우주 자원을 채굴할 수 있어.

그 임무를 잘한 탐사선이 있어. NASA에서 2016년 소행성 탐사를 위해 발사한 오시리스-렉스야. 오시리스-렉스 탐사선의 목표는 소행성 베누였어. 베누는 주의해야 할 소행성이야. 천문학자들이 관측한 결과 지구와 충돌할 확률이 2,700분의 1에 달하거든. 혹시 모를 사태를 위해 베누에 대해 잘 알아야 했지.

"세상에! 충돌할 수도 있는 거야?"

큰 확률은 아니야. 만약을 위해 준비하는 거야. 베누까지 가는 데만 2년이나 걸리니 너무 걱정하지 않아도 돼.

"휴, 다행이다."

오시리스-렉스는 소행성 베누를 돌며 암석 샘플을 채취할 곳을 찾았어. 그리고 약 250그램의 암석을 채취했지. 이 일을 하는 데 2년이 걸렸어. 그리고 다시 2년에 걸쳐 지구로

돌아와 지구 상공에서 샘플을 실은 캡슐을 지상으로 보냈어.

"그러면 6년 만에 지구에 베누 암석 샘플을 가져온 거야? 정말 오래 걸리는 일이구나."

맞아, 우주로 나가는 일은 시간이 오래 걸려. 사람들은 지구 상공에서 떨어뜨린 베누 암석 샘플을 우주 센터로 안전하게 옮겼어. 그리고 세계 여러 나라의 과학자들이 베누 암석 샘플을 나누어 분석했지.

"결과도 나왔어?"

> 소행성 베누는 표면이 바다로 이루어진 행성의 일부분이 떨어져 나온 것 같다는 결과가 나왔어.

"250그램만으로 알아낼 수 있어? 정말 놀라워!"

여러 과학자가 나누어 연구한 덕분이야.

"그러면 오시리스-렉스는 지구로 잘 돌아왔어?"

아니. 오시리스-렉스는 지구 상공에서 바로 다시 우주로 나가 다른 임무를 하고 있어. 오시리스-에이펙스라는 이름으로 바꾸고 말이야.

"정말 바쁘구나. 우주선도 쉴 틈 없이 일하고 있었어."

다시 지구로 돌아오려면 또 연료가 필요하잖아. 지구로 돌아오지 않고 우주에서 바로 다른 임무를 수행하는 것이 효율적이야.

"또 다른 소행성에도 탐사선을 보내?"

인류가 16번째로 발견한 소행성, **16프시케**를 보자.

"16프시케?"

16프시케는 감자같이 생긴 금속으로 된 소행성이야. 역시 화성과 목성 사이에 있는 소행성대에 있어.

"어떤 자원이 있을 것 같아?"

철과 니켈 그리고 금과 백금이 어마어마하게 있다고 해.

"우아, 정말 보물 창고인데? 그런데 가 보지도 않고 어떻게 알게 된 거야?"

아레시보 전파 망원경이 관측한 결과지.

NASA에서는 16프시케에 궤도 탐사선을 보내 자원 탐사를 준비했어.

"그런데 우주에서는 자원을 어떻게 채굴해?"

전자기 무기로 소행성을 작게 부서뜨려 여러 대의 궤도선이 주워 담아 오는 거야.

"소행성을 부순다고? 우주 자원을 정말 많이 가져올 건가 봐."

5억 킬로미터나 떨어진 소행성대까지는 가는 데만 해도 2년이 걸려. 그래서 더 빠른 로켓이 필요하지.

"그럼 우주 자원 덕분에 로켓과 우주선도 한 단계 더 발전하겠다."

맞아, 지구에서 소행성까지 자원을 싣고 왔다 갔다 하기는 어려워. 달이나 화성에 기지를 세우는 방법도 생각할 수 있어. 채굴한 암석 그대로 가져오면 너무 무거우니까 달이나 화성 기지에서 필요한 금속만 골라 지구로 보낼 수도 있지.

"소행성 자원 공장이 만들어질 수도 있겠다!"

그런 셈이야.

"그런데 우주의 보물 창고는 누구 거야? 그냥 가져오는 사람이 주인이 되는 거야?"

국제 우주 협약에 의하면 아직 우주의 천체는 누구의 소유도 아니야. 먼 미래를 위해 우주 자원을 어디까지 개발할지, 누구의 것으로 할지 먼저 협의해야 해.

"빨리 협의해서 머나먼 우주에서 채굴한 니켈로 만든 배터리를 쓰고, 16프시케산 금으로 전자 부품을 만드는 날이 오면 좋겠다."

11
테라포밍, 제2의 지구를 만들기 위해

"도시가 커다란 유리 돔으로 씌어 있어. 여기저기 공사하는 장비도 보여. 여기는 도대체 미래의 어느 곳이야? 그보다 먼저 헬멧 벗어도 돼?"

아니, 아직 안 돼. **테라포밍** 하는 중이거든.

"테라포밍? 그게 뭐 하는 건데?"

> 사람이 살 수 있는 환경을 지구 밖에 만드는 거야.

"아하, 영화에서 본 적 있어. 재난을 맞은 지구를 떠나 새로운 행성을 찾아가서 사람이 살기 알맞은 곳으로 변화시키는 것 맞지?"

맞아, 바로 그거야.

"화성에 도시를 건설할 때도 필요해?"

화성 환경은 지구 환경과 달라서 사람이 살 수 없어. 그래서 테라포밍으로 환경을 바꾸는 중이야.

"그런데 왜 화성이야? 더 가까운 달도 있잖아."

가까운 달에서 먼저 시도해 보려고 했어. 하지만 달의 환경은 화성보다 더 좋지 않거든.

"어떤 점에서?"

달은 추울 때 영하 190도까지 내려가는 데다 대기가 거의 없어. 그리고 달 표면에는 커다란 구덩이가 많아.

"아, 기억나."

바로 운석 구덩이 **크레이터**야. 크레이터가 많다는 건 달에 충돌하는 운석이 많다는 뜻이기도 해. 대기가 희박해서 운석이 타지 않고 그대로 떨어지거든. 따라서 사람들이 살기에 안전하지 않아.

"정말 그렇겠다. 그럼 화성에 도시를 만들려면 무엇을 해야 해?"

적절한 온도가 갖춰져야 하고, 숨 쉴 수 있는 공기가 필요하지. 또 우주로부터 들어오는 방사선으로부터 보호해야 해.

"화성의 환경은 지구와 비슷해?"

다행인 것은 화성의 자전 주기는 지구와 비슷한 24시간 37분이야. 그리고 자전축도 25도 기울어 있어서 37.5도 기울어진 지구와 비슷해. 지구와 마찬가지로 하루가 24시간이고 계절의 변화가 있을 거야.

하지만 평균 기온이 영하 63도밖에 되지 않고 대기가 아주 옅어. 지구의 1퍼센트밖에 되지 않지. 중력도 지구의 38퍼센트밖에 안 돼.

"그러면 사람이 살 수 없는 것 아니야? 차라리 화성보다 가까운 금성을 테라포밍 하는 게 낫겠다."

금성? 금성의 기압은 지구의 90배야. 게다가 짙은 이산화탄소 대기로 이루어져 있어. 이산화탄소가 지구를 점점 덥게 하는 것은 알고 있지? 마찬가지로 금성 안쪽은 아주 뜨거워.

"정말? 그럼 그냥 화성을 테라포밍 해야겠는걸."

화성을 테라포밍 할 때 가장 먼저 무엇을 해야 할까?
"기온을 올려야 해. 너무 춥잖아!"

맞아, 기온을 올리는 것이 중요해.

화성 궤도에 대형 반사경을 설치하는 이유야. 태양 빛을 반사해 화성으로 보내면, 나중에 표면 온도가 20도까지 올라갈 거야.

또 일부러 이산화탄소로 뜨거워지게 할 수도 있어. 이산화탄소 때문에 지구 온난화가 일어나는 것처럼 말이지.

"지구는 이산화탄소 때문에 지구 온난화로 지구가 점점 더워져서 골치 아픈데……."

맞아, 하지만 화성 온도를 올리기에는 좋아. 화성은 대기가 옅으니까 이산화탄소를 내뿜는 공장을 만드는 거야.

"그러면 숨 쉬기 어렵겠는걸."

처음부터 사람들이 가는 것은 아니야. 일단 기온을 올려야지. 그러니까 헬멧을 벗으면 안 돼!

"알았어. 그러면 도시에 왜 투명한 덮개를 돔처럼 덮어?"

온실처럼 만들면 빛이 밖으로 나가지 못해 내부 온도가 점점 높아져. 또 우주 방사선을 튕겨 내는 역할도 해. 우주에는 방사선이 많고, 화성은 자성이 약해져서 자기장도 없어졌다고 했던 것 기억해? 자기장이 있어야 우주 방사선을 튕겨 내거든.

"그것 말고 화성에는 물도 없잖아."

해결할 방법이 있어.

물이 풍부한 소행성에 로켓을 달아 화성에 충돌시키는 거야.

"소행성 충돌이라니 무시무시해."

안전을 위해 정확히 계산하고 보내기 때문에 괜찮아. 이제 물과 온도가 적당해졌다면, 또 무엇이 필요할까?

"아직 자유롭게 숨 쉴 수가 없어."

숨 쉴 수 있도록 산소를 만들어야 해.

"산소 만들 방법은 알 것 같아. 식물을 이용하는 거지?"

맞아, 식물은 햇빛과 이산화탄소가 있으면 산소를 만들어 주잖아. 처음 지구가 생겨났을 때처럼 햇빛으로 산소를 만드는 박테리아와 식물이 살게끔 하는 거야. 대기 중에 산소가 많아지도록 말이야.

"그럼 나도 온 김에 화성에 식물을 잔뜩 심어야겠다."

좋은 생각이야. 하지만 테라포밍으로도 바꾸지 못하는 환경이 있어.

"그게 뭔데?"

중력이야.
중력은 따로
만들어 내지 못해.

"그러면 어떻게 해?"

몸을 화성의 중력에 적응시키거나 도시를 뱅글뱅글 돌려 가짜 중력을 만드는 방법이 있기는 해.

"화성의 중력에 적응하려면 오래 걸릴 것 같아."

맞아, 그럴 거야. 우주에서 테라포밍 하는 것은 간단한 일이 아니야. 오랜 시간 동안 준비하고 정말 사람이 살 수 있는지 검증도 해야 해.

"그런데 우리가 이렇게 화성을 바꿔야 하는 날이 올까?"

어쩌면 먼 미래에 지구에서 인류가 살 수 없을지도 모르잖아. 또 더 먼 우주로 나가기 위해 화성에 도시를 세울 수도 있고 말이야.

"달로 소풍을 가고, 화성 도시에서 살 수 있는 미래가 정말 기대돼!"

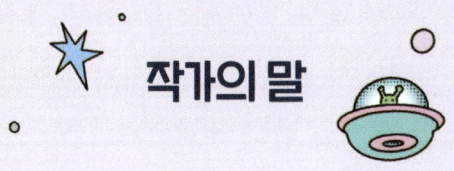

작가의 말

높이, 높이, 더 높이 날아오르면 지구를 둘러싼 대기를 벗어나 넓고 신비로운 우주가 펼쳐져요. 그리고 지구에서 바라만 보던 달이 커다랗게 다가와요.

여러분은 우주선을 타고 달에 가는 상상을 해 본 적 있나요?

우리나라에서 쏘아 올린 다누리호는 달 주변 궤도를 돌고 있어요. 러시아, 미국, 일본, 인도, 유럽, 중국에 이어 일곱 번째지요. 다누리호는 달 표면을 관측하며 멋진 달 사진을 보내오고 있어요. 인도의 찬드라얀 3호는 달의 남극에 최초로 착륙했어요. 일본의 슬림호도 달에 착륙해 사진을 보내왔어요. 중국의 창어 6호는 달 뒷면에서 흙 샘플을 가져왔지요.

그리고 1969년 인류가 달에 첫발을 내디딘 지 50여 년이 지난 지금, 사람들은 다시 달에 사람을 보낼 계획을 실행에 옮기고 있어요. 미국과 여러 나라가 협력하고 있는 아르테미스 프로그램을 통해서요. 아르테미스 1호 우주선이 임무를 마친 데이어, 사람을 태운 우주선이 달 궤도를 도는 아르테미스 2호와 사람을 달에 보내는 아르테미스 3호 프로그램이 계획되어 있어요.

그렇다면 머지않아 달을 지나 화성과 목성의 위성으로 여행 가는 날이 올까요?

화성에 새로운 도시를 만드는 건 어떨까요?

아예 태양계를 벗어나 프록시마 b행성까지 가 볼까요?

그러다 외계인을 만날 수 있을까요?

외계인을 만나면 어떻게 인사하지요?

터무니없이 너무 먼 미래의 상상이라고요?

모든 것은 사람들의 상상에서 시작되었답니다. '새처럼 하늘을 날 수는 없을까?', '달에 갈 수 있을까?', '우주에 정거장을 만들면 어떨까?'처럼 말이지요.

먼 우주로 여행을 가고 싶다면 지금부터 상상하고 꿈꾸세요. 상상이 실현되는 미래를 만들면 되니까요.

2024년 여름에
정윤선

엘리베이터를 타고
우주로 나가 볼까?

© 정윤선·이유민, 2024

초판 1쇄 인쇄일 2024년 7월 31일
초판 1쇄 발행일 2024년 8월 14일

지은이 정윤선
그린이 이유민
펴낸이 정은영
편집   장새롬 정사라 서효원 윤채완
디자인 강우정
마케팅 최금순 이언영 연병선 윤선애
제작   홍동근

펴낸곳 (주)자음과모음
출판등록 2001년 11월 28일 제2001-000259호
주소   (10881) 경기도 파주시 회동길 325-20
전화   편집부 02) 324-2347 경영지원부 02) 325-6047
팩스   편집부 02) 324-2348 경영지원부 02) 2648-1311
E-mail jamoteen@jamobook.com

ISBN   978-89-544-5138-3 74500
        978-89-544-4973-1 (세트)

잘못된 책은 구매처에서 교환해 드립니다.